# Vendre En Video Comme Un Pro: La Nouvelle Façon La Plus Simple Et Rapide De Créer Une Video De Vente Et Page De Vente Video Qui Converti.

# TABLE DES MATIÈRES

## INTRODUCTION.

Bonjour et bienvenue dans cette nouvelle formation.

Si vous êtes ici, c'est que vous avez sans doute compris l'importance aujourd'hui de vendre en vidéo sur Internet.

Effectivement, la vidéo vend en général beaucoup mieux qu'un argumentaire de vente écrit qu'on doit lire.

La raison est que c'est ce qui se rapproche le plus d'une interaction live en face à face entre un client et un vendeur, qui est connue pour avoir les taux de transformation les plus élevés.

La vidéo offre donc un facteur confiance et crédibilité beaucoup plus élevé qu'une page de vente en texte, car on voit tout de suite qui vous êtes et on peut mettre un visage sur un texte, sur un produit ou sur quoi que ce soit.

Ainsi, cette formation qui va vous apprendre à réaliser des vidéo et des pages de vente vidéo avec un résultat professionnel de la façon la plus simple et rapide qui soit.

En effet, 95% des gens qui débutent en vidéo réalisent des vidéos de vente souvent très ennuyeuses qui ne convertissent que très peu à cause d'un rendu trop amateur, un argumentaire mal structuré, un manque de présence éclatant dans leur discours et beaucoup d'autres facteurs comme ça.

La très grande majorité des gens doit donc souvent réaliser des dizaines de prises à chaque nouvelle vidéo et avoir réalisé des centaines de vidéos pour "se former" et obtenir un résultat leur permettant d'obtenir un taux de conversion corrects.

Grâce à cette méthode, vous allez pas-à-pas acquérir des techniques, des procédures, des structures prouvées qui vont vous permettre de réaliser très rapidement et facilement une vidéo de vente et une page de vente vidéo qui va vous donner des taux de conversion bluffants, sans pour autant avoir à vous ruiner en matériel coûteux.

Vous n'aurez ainsi besoin de faire qu'une seule prise, passer très peu de temps au montage pour faire une vidéo réussie dès ce soir, sans avoir à passer par ces centaines de vidéos ratées que font la grande majorité des gens avant d'obtenir un rendu acceptable.

Voici donc tout ce que vous allez apprendre dans les trois modules que va comporter cette formation :

**Module #1**
Le premier module sera dédié totalement dédié au matériel et à la mise en place de votre environnement de tournage.

A la fin de ce module, vous connaîtrez tout le matériel dont vous avez besoin pour démarrer rapidement et avoir un rendu professionnel sans vous ruiner, voire parfois sans même avoir besoin d'acheter de matériel.

Vous comprendrez pourquoi la qualité de l'image est ce qu'il y a de moins important, beaucoup moins que le son ou l'éclairage.

Si vous ne voulez absolument pas vous montrer sur la vidéo même si c'est le but ici, vous verrez des moyens alternatifs pour quand même réaliser une vidéo de vente qui utilisera les techniques vues dans cette formation, sans heurter vos taux de conversion.

Enfin, vous saurez exactement comment facilement mettre en place votre studio en moins de dix minutes.

Vous verrez aussi comment vous passer de studio, car vous n'en avez pas forcément besoin pour avoir un résultat professionnel. Beaucoup de blogueurs et de professionnels travaillant sur Internet n'en utilisent d'ailleurs pas.

**Module #2**
Une fois que tout est en place pour enregistrer, le deuxième module sera entièrement consacré au discours.

Vous connaîtrez une structure pour votre argumentaire de vente en 14 étapes qui est celle qui vend le mieux.

Mise au point après des centaines de tests avec d'autres formules pour vendre des produits en ligne, cette structure vaut vraiment tout l'or du monde car elle va vous faire gagner un temps fou et il est difficile de penser que vous puissiez un jour trouver une structure qui vende mieux que celle-ci.

Il s'agit d'une simple liste de 14 questions auxquelles vous aurez à répondre dans l'ordre, exactement comme lors d'une interview.

Vous maîtriserez également les techniques pour apporter de la présence et de l'enthousiasme devant la caméra et faire vibrer les gens pour les garder scotchés du début à la fin de votre vidéo et ne pas au contraire les endormir au bout de 30 secondes.

Enfin, vous apprendrez les techniques toutes simples pour ne faire qu'une seule prise et passer un minimum de temps au montage de votre vidéo.

**Module #3**
Le module 3 va concerner tout ce qui se passe une fois que votre vidéo a été filmée.

Vous allez voir quels outils utiliser pour réaliser le montage de votre vidéo.

Vous saurez également comment enrichir votre vidéo avec des petites choses additionnelles, et verrez ce que vous devez éviter de rajouter.

Vous découvrirez également les meilleures plateformes pour héberger vos vidéos.

Enfin, vous verrez comment rapidement monter votre page de vente vidéo, ainsi trois trucs tout simples qui peuvent diviser jusqu'à 2 vos taux de conversion si vous ne les appliquez pas.

Puis, un petit bonus vous attend tout à la fin, qui va vous permettre d'augmenter encore un peu votre audience et vendre plus.

A la fin de cette formation, vous serez en mesure de réaliser votre vidéo de vente et une page de vente qui va vous donner des taux de conversion absolument bluffants, de la manière la plus simple et rapide qui soit.

Vous aurez vraiment tout ce qu'il vous faut pour réaliser vos vidéos de vente qui vous donneront des résultats en termes de ventes dignes des meilleurs professionnels du marketing (le but étant bien sûr de vendre et pas de faire du Spielberg).

Et surtout vous n'aurez plus à tâtonner en faisant les centaines de vidéos médiocres que font la plupart des gens qui débutent.

Démarrons ensemble votre aventure vidéo par le module 1 en page suivante.

## MODULE #1: CHOISISSEZ VOTRE MATÉRIEL ET CRÉEZ VOTRE ENVIRONNEMENT DE TOURNAGE.

Au terme de ce module, vous serez totalement équipé en matériel et aurez mis en place votre environnement de tournage.

Cette étape est importante car elle va vous permettre de choisir du matériel sans devoir vous ruiner tout en ayant un rendu professionnel.

Vous verrez également que la qualité de l'image n'est pas la chose la plus importante.

Vous apprendrez à mettre en place rapidement votre studio d'enregistrement ou comment vous en passer facilement si vous ne souhaitez pas investir ou que vos moyens financiers sont limités.

Tout sera alors prêt à la fin de ce module pour commencer le tournage.

## *Quel matériel choisir pour avoir un rendu professionnel sans se ruiner.*

Pour faire votre vidéo de vente, vous allez avoir besoin de trois choses en termes de matériel :

- D'une prise d'image.
- D'une prise de son.
- D'un éclairage.

Ce qu'il faut savoir, c'est que la qualité de l'image n'est en soi pas ce qu'il y a de plus important pour avoir une vidéo réussie.

Le plus important de tout, c'est avoir un bon son. Ensuite vient l'éclairage, et enfin l'image.

En effet, c'est par le son que votre message, votre contenu, va être diffusé.

Si votre image est excellente mais qu'on entend rien ou qu'on entend des bruits parasites et qu'on est obligé de tendre l'oreille, alors votre message ne passera pas car beaucoup de gens arrêteront la vidéo car elle leur demandera trop d'efforts de concentration.

En revanche, si votre image est de qualité moyenne mais que votre son est excellent, on va avoir envie de vous écouter car le son sera agréable et facile à entendre, et ne demandera aucun effort.

Les gens pourront continuer à vous écouter et votre message passera même s'ils détournent à un moment le regard de l'image.

C'est pourquoi, dans toute vidéo que vous ferez et quel que soit le type de matériel que vous utiliserez, il vous faudra respecter cette règle d'or de **toujours avoir le micro le plus proche possible de votre bouche.**

Le fait d'avoir le micro le plus proche possible va limiter au maximum les bruits parasites à votre message (bruits de fond, résonnance etc.) et assurer que l'intensité de votre voix est suffisante pour être facilement audible.

Le deuxième élément le plus important après le son est l'éclairage.

En effet, si l'éclairage est mauvais et que vous filmez dans une zone sombre, votre caméra vidéo aussi performante soit-elle, ne pourra pas totalement corriger ce manque de lumière et la qualité de votre vidéo sera médiocre.

Nous verrons la question de l'éclairage un peu plus loin, au moment de créer votre environnement de tournage.

Maintenant que vous savez tout ça, vous allez voir trois options possibles que je vous recommande pour votre matériel de prise de son et d'image sans vous ruiner, tout en ayant un rendu professionnel.

Le but ici est de permettre à chacun de s'équiper, c'est pourquoi ces options ne dépasseront pas les 500 euros. Vous verrez aussi comment faire avec du matériel que vous avez déjà, sans avoir à débourser de l'argent dans le cas où votre budget est vraiment serré.

Notez également que ce ne sont que des préconisations de ce qui fonctionne (vous ne verrez évidemment aucun lien d'affiliation avec les modèles que je cite), et vous trouverez peut-être un système plus adapté pour vous ou des prix moins chers selon le moment où vous découvrez ces informations.

Voyons maintenant ces trois options dans les pages suivantes :

## 1- L'option GoPro.

L'équipement total avec cette option vous coûtera autour de 500 euros ou moins.

Il consiste à avoir une caméra GoPro Session (compter 314 euros ou moins) qui est très petite et hyper portable.

Vous pouvez même filmer en la gardant dans le creux de la main, sans que personne ne s'en rende compte contrairement à un appareil photo plus gros et sophistiqué.

Vous pourrez ainsi facilement la poser sur n'importe quelle surface et commencer à filmer avec.

L'avantage c'est qu'elle offre un champ large, donc même si vous la tenez à bout de bras vous pouvez voir ce qu'il y a autour de vous.

Cette proximité vous permet ainsi d'avoir votre bouche relativement proche du micro de la GoPro, et ainsi de maximiser la qualité de la prise de son.

Cependant, vous pourrez choisir idéalement un système de prise de son externe, avec par exemple l'enregistreur Sony ICD - TX 650 (compter 179 euros ou moins).

L'avantage est que vous pourrez vous tenir plus loin de la caméra, et que cet enregistreur va vous offrir une excellente qualité de son.

Vous pouvez facilement l'attacher sur le haut de votre chemise pour l'avoir le plus proche possible de la bouche.

Vous pouvez bien entendu choisir des enregistreurs moins coûteux et en trouver à une trentaine d'euros.

La qualité de l'enregistreur est moins importante que le fait de l'avoir proche ou non de votre bouche.

## 2- L'option appareils photo numériques compacts.

Vous pouvez également choisir de vous équiper avec un appareil photo numérique compact tel que le Canon G7x ou le Sony RX 100 IV (et autres séries à venir).

Cette option vous coûtera environ 500 euros ou moins selon les modèles que vous choisirez.

Ce genre d'appareil est également très facilement transportable est constitue l'un des moyens privilégiés pour de nombreux blogueurs à plein de temps de faire leurs vidéos, par exemple lorsqu'ils se filment en déplacement avec une perche à selfie.

Vous pouvez ici aussi le tenir proche de vous et capturer directement le son par l'appareil photo en ayant un son très correct.

Selon l'endroit où vous vous trouvez, vous pouvez aussi choisir de faire une prise de son externe, de la même manière que proposée lors de l'option 1.

### 3- L'option low cost.

Si votre budget est très réduit et que vous n'avez pas les moyens d'acheter le matériel des options précédentes, vous pouvez plus simplement utiliser votre téléphone portable comme caméra.

La prise d'image et de son avec un téléphone tel que les iPhones peuvent pour permettre d'obtenir un résultat très correct.

D'ailleurs, de nombreux blogueurs utilisent ce moyen.

La société de journalisme Suisse Léman bleu a même décidé de remplacer leurs grosses caméras ultra sophistiquées et encombrantes pour filmer avec succès des séquences de leur journal télévisé à l'iPhone 6.

De la même manière que pour les options précédentes, pensez à vous équiper avec un système de prise de son externe si vous comptez vous tenir loin de la caméra ou que vous enregistrez dans un endroit bruyant ou qui résonne.

En dernier lieu, vous pouvez utiliser la caméra de votre ordinateur si celui-ci est récent.

La caméra d'un Mac vous donnera un rendu son et image très correct si vous vous tenez près. Si vous vous éloignez, vous penserez à capturer le son avec un enregistreur externe.

Si votre ordinateur est un PC, les caméras sont en général de bien moins bonne qualité même si elles peuvent faire l'affaire. Par contre, la prise de son du micro intégré est souvent exécrable.

Je vous déconseille donc vivement de prendre le son avec le micro intégré de votre PC.

Faites en sorte d'acheter soit un enregistreur externe, soit un micro avec prise jack ou prise USB. Les premiers prix tournent autour d'une dizaine d'euros, et le son sera toujours nettement meilleur que le micro intégré de votre PC.

Maintenant que vous avez choisi votre matériel de capture d'image et de son, il va être temps de créer votre environnement de tournage et de voir les options d'éclairage.

Vous allez ainsi découvrir les deux options qui fonctionnent pour créer votre lieu de tournage, et adaptées aussi bien à l'espace que vous avez et à votre budget.

Vous allez dans la première option voir comment créer votre studio en moins de dix minutes. Cette option est à privilégier si vous avez du budget à investir pour créer votre studio.

Dans la deuxième option, vous allez voir comment vous passer de studio facilement dans le cas où vous n'avez pas de budget ou pas l'envie de créer votre studio.

### _Créez votre studio professionnel simplement et en moins de 10 minutes._

Comme on vient de le voir, cette option va vous demander d'avoir un minimum de budget car elle consiste à investir pour vous créer un véritable studio professionnel.

Il y a deux éléments à considérer pour construire votre studio. Le premier est le fond solide que vous allez utiliser, et le deuxième est l'éclairage.

Voyons voir ces deux éléments dans les pages suivantes :

### Element 1 : le fond solide.

Il s'agit d'un fond de couleur uniforme qui est en général soit vert, soit blanc, soit noir.

L'avantage d'un fond vert, est qu'il va permettre d'être remplacé par n'importe quelle image ou vidéo en arrière plan lors du montage.

En effet, la couleur verte de ce genre de fond est particulière car elle ne se retrouve ni dans la couleur de peau, ni en général dans les vêtements qu'on porte.

Ainsi, on peut facilement la supprimer de la vidéo au montage pour y mettre autre chose, sans que des parties de nous-mêmes ou de nos vêtements ne disparaissent aussi.

Utiliser un fond vert est très bien si vous êtes déjà rôdé à la technique de montage vidéo et que vous avez du temps à passer.

Le but de cette formation n'étant pas de vous apprendre à faire du Spielberg mais de vendre en vidéo sans passer des heures en montages élaborés. Je ne vous conseille donc pas forcément d'utiliser un fond vert si vous débutez et que vous êtes pressé.

En effet, si l'incrustation d'une autre image ou d'une vidéo pour remplacer le fond vert est mal faite, vous allez voir le détour de votre silhouette pixelisé, et avec quelques restes de points verts, ce qui donne un effet très amateur que vous voudrez à tout prix éviter.

Si vous décidez tout de même d'utiliser un fond vert, vous trouverez de nombreuses offres proposant une structure démontable sur laquelle mettre le fond vert qui est un drap vert livré avec, comme par exemple le "Green screen cowboy backdrop studio", qui peut se monter facilement en moins de dix minutes.

Ce n'est qu'une suggestion, et il existe plein d'alternatives certainement aussi performantes.

Deux autres alternatives au fond vert sont donc de choisir un fond blanc, ou un fond noir.

Souvent, en achetant le genre de structure démontable citée précédemment, vous avez aussi le choix de prendre soit un drap vert, blanc ou noir.

Vous pouvez aussi prendre le fond seul sous forme de toile et l'accrocher sur un de vos murs avec des punaises, sans la structure démontable.

Il existe aussi des fonds pliables, si vous voulez tout ranger très vite une fois que votre vidéo a été tournée.

L'avantage du fond blanc ou noir par rapport au fond vert, c'est que vous n'aurez besoin d'aucun temps au montage pour incruster une autre image.

De plus, votre vidéo restera sobre et professionnelle, un peu comme les vidéos qu'Apple tourne sur fond blanc.

## Element 2 : l'éclairage.

La règle pour l'éclairage est que plus il y en a, mieux c'est.

Le but va être de chercher à obtenir un éclairage le plus uniforme possible et éviter les effets d'ombres.

C'est d'autant plus important dans le cas où vous avez choisi d'utiliser un fond vert car si le fond n'est pas totalement uniforme et possède des ombres, alors vous n'arriverez pas à supprimer la totalité du vert lors du montage car il y aura en quelque sorte de nombreuses couleurs vertes d'intensités différentes.

C'est d'ailleurs pour ça que vous allez vouloir utiliser une lumière douce au lieu d'une lumière dure.

La lumière dure est celle qui provient d'une petite source de lumière comme par exemple des spots halogènes. Elle donne alors des ombres très marquées.

La lumière douce est celle qui vient d'une source de lumière plus vaste, qui donne ainsi des ombres beaucoup plus diluées et moins marquées. C'est pour ça que les photographes utilisent de grands parapluies car ceux-ci permettent d'agrandir et d'étaler la source de lumière.

Le minimum en termes d'éclairage avec lequel vous pouvez commencer pour avoir un rendu neutre et qui ne donne pas trop d'ombres consiste à simplement mettre deux lumières relativement grandes, l'une à gauche et l'autre à droite de la caméra.

Pour qu'elles soient grandes, il vous suffit soit d'acheter des lumières qui soient grandes comme par exemple des panneaux LED.

Vous pouvez aussi mettre des spots halogènes avec des parapluies qui vont étaler la source de lumière.

Avec seulement deux lumières, vous pouvez déjà obtenir des résultats très corrects.

Vous pourrez facilement trouver des panneaux d'éclairage pour faire de la vidéo en demandant dans n'importe quel magasin de photo.

Si vous voulez le meilleur rendu possible, l'idéal serait de rajouter une lumière au milieu qui va uniformiser encore plus l'éclairage et rajouter une touche très appréciable d'une lumière qui se reflète dans vos yeux.

Pour du matériel vraiment pro en termes d'éclairage, vous pouvez par exemple vous tourner vers le "Cowboy Studio Lighting Kit".

Celui-ci est composé de ces trois lumières : une à droite et une à gauche orientées vers vous à 45°, puis une au milieu au dessus de la caméra, comme sur le schéma ci-dessous :

Ensuite si vous voulez aller encore plus loin et avoir un éclairage irréprochable, vous pouvez également avoir deux lumières d'appoint tournées à 45°, une à gauche et une à droite, et un peu plus proches du fond vert que les autres.

Ces lumières d'appoint ont pour but d'éclairer uniquement votre fond, comme ci-dessous :

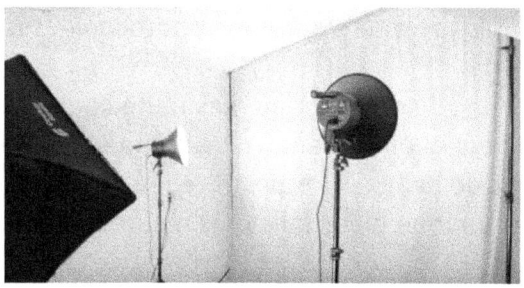

Ce genre d'éclairage est évidemment l'idéal, mais n'est pas non plus absolument indispensable pour faire une vidéo de qualité.

Vous pouvez très bien commencer avec les trois lumières, voire même avec deux comme on l'a vu précédemment.

Vous trouverez certainement les offres qui vous conviennent sur Internet ou dans les magasins de photo.

Si vous êtes vraiment fauchés, vous pouvez aussi acheter trois lumières de spots de chantier à LED et que vous placerez comme vu précédemment.

Vous pouvez en trouver dans tous les magasins de bricolage et ces spots de chantier à LED ne coûtent quasiment rien (pour 10-20 euros vous avez un petit spot).

Enfin, vous pouvez même n'utiliser qu'une seule lumière si vraiment votre budget est trop serré.

Dans ce cas, veillez à ce que cette lumière unique ne soit jamais proche de votre caméra.

Vous éviterez ainsi l'effet d'une photo prise avec un flash qui donne un rendu affreux et vous donne l'impression que vous avez mis votre tête dans une photocopieuse.

L'idée est donc de détacher au maximum cette lumière de la caméra pour avoir un rendu de nettement meilleure qualité avec de beaux contours et reliefs, et par exemple en utilisant un fond blanc que vous n'aurez pas à retoucher au montage.

Vous avez donc maintenant tout ce qu'il vous faut pour construire votre studio selon vos envies et vos moyens financiers.

Encore une fois, n'hésitez pas non plus à aller en plus voir ce qui se fait par exemple sur Internet ou dans les magasins de photo pour trouver le matériel d'éclairage qui vous correspond.

## *Comment se passer facilement de studio.*

Si vous n'avez ni le temps, ni le budget ou ni l'envie de vous lancer dans la création de votre studio comme vu précédemment, il existe une méthode simple pour s'en passer : utiliser votre habitat naturel.

L'avantage de votre habitat naturel est que ça ne vous coûtera absolument rien, et que vous pouvez commencer tout de suite, sans pour autant passer pour un amateur et que ça heurte vos taux de conversion.

En effet, beaucoup de marketeurs professionnels et blogueurs utilisent leur habitat naturel pour filmer leurs vidéos.

Vous pouvez faire la même chose, par exemple en vous plaçant devant un mur de couleur neutre comme le blanc ou le noir.

Dans ce cas, assurez-vous qu'il y a suffisamment d'éclairage. N'hésitez pas à utiliser les conseils d'éclairage vus dans la partie précédente si votre lumière (artificielle et naturelle) n'est pas suffisante.

Vous pouvez aussi vous filmer assis dans votre canapé ou dans un endroit agréable comme dans votre jardin ou même sur une plage. Vous créerez ainsi un climat cosy et intimiste propice à l'échange.

Parfois les solutions les plus simples sont celles qui fonctionnent le mieux.

## *Les façons alternatives de faire une vidéo de vente sans apparaître dessus.*

Bien que ce ne soit pas ici le but premier, il peut arriver que certaines personnes refusent catégoriquement de se montrer devant la caméra, mais veulent tout de même faire des vidéos de vente.

Il existe pour ça quelques moyens alternatifs de vendre en vidéo sans se montrer, qu'on va parcourir dans cette partie.

### Alternative 1 : le screencast.

Le screencast est une excellente alternative et consiste à filmer votre écran et à commenter ce qui défile.

Par exemple, vous mettez les mots clés ou les grandes idées de votre argumentaire de vente sur des slides Powerpoint.

Ensuite, vous commentez ces slides en les faisant défiler sur votre ordinateur, par l'intermédiaire d'un microphone externe branché à votre ordinateur, tout en enregistrant le tout.

Le meilleur logiciel pour réaliser un screencast est probablement Camtasia Studio, qui vous permettra aussi de réaliser tout le montage de vos vidéos plus tard.

Cela dit, vous avez beaucoup d'autres logiciels de screencast également très bien comme Screenflow ou Screencast-o-matic. Il vous suffit juste de regarder et choisir celui que vous préférez.

Méfiez-vous de certaines versions gratuites qui vont faire apparaître leur marque tout en bas de la vidéo, qui vont limiter le temps de la vidéo à 5 minutes ou la proposer dans un format difficile à lire.

Certains marketeurs adorent faire des vidéos de vente de cette façon en screencast.

Bien que ça puisse surprendre, ils ont toujours aujourd'hui un réel succès par cette technique exacte, avec du simple texte en noir sur des slides en fond blanc.

En cherchant, vous pourrez aussi trouver des templates Powerpoint plus élaborés et parfaits pour ce genre de présentations.

## Alternative 2 : les logiciels de création vidéo.

Il existe une panoplie de ces logiciels qui vous permettent de mettre les idées clés de votre argumentaire de vente sous la forme de slides animés, comme par exemple le logiciel VideomakerFX, Pow Toon ou encore Go Animate.

Vous en avez également d'autres logiciels de "whiteboard" ou tableaux blancs, où un bras tenant un crayon va écrire ce que vous lui demandez.

Par exemple, il va dessiner des schémas, flèches ou personnages préexistants dans le logiciel, ou faire comme s'il redessinait une image que vous lui uploadez.

Il existe aussi un choix énorme de logiciels de whiteboard, tels que Videoscribe ou Whiteboard Animation.

Il suffit de regarder sur Google pour trouver celui qui vous convient le mieux.

Vous pouvez ensuite charger une musique de fond et commenter le texte ou les animations qui défilent.

Ceci termine le premier module.

Vous connaissez maintenant tout ce dont vous avez besoin en terme de matériel pour faire des vidéos au rendu professionnel sans vous ruiner.

Vous avez en effet vu un ensemble d'accessoires de prise d'image et de son qui vous permettent de respecter votre budget.

Vous savez également que le son est ce qui compte le plus et qu'il est fondamental d'avoir votre micro le plus proche possible de votre bouche.

Vous avez également pu créer votre studio avec une structure démontable ou non, un fond soit vert, blanc ou noir, et un éclairage vous permettant d'avoir un rendu très correct peu importe vos moyens financiers.

Vous avez même vu que vous pouvez facilement vous passer d'un studio si vous n'avez ni le temps, ni l'argent et ni l'envie d'en créer un.

Enfin, vu avez vu deux alternatives pour créer des vidéos de vente, dans le cas où vous ne souhaitez vraiment pas vous afficher devant une caméra.

Maintenant que vous avez choisi votre matériel et que votre environnement de tournage est prêt, il est temps de s'intéresser au discours et à votre attitude en face de la caméra.

C'est ce que vous allez découvrir dans le deuxième module, en page suivante.

## MODULE #2: DÉCOUVREZ LE DISCOURS SECRET QUI DÉCLENCHE DES TORRENTS DE VENTES.

A la fin de ce module, vous connaîtrez la structure en 14 étapes que doit avoir votre argumentaire de vente, et qui fonctionne le mieux pour convaincre et déclencher des torrents de vente.

Cette structure vaut vraiment tout l'or du monde, et elle consiste en une série simple de 14 questions auxquelles il faut répondre dans l'ordre.

En effet, elle est le résultat d'améliorations successives et de tests faits sur plus d'une centaine de plans de vidéos de vente de produits en ligne, et est celle qui obtient à chaque fois de loin les meilleurs taux de conversion.

Aussi, il est très difficile de penser pouvoir trouver une formule qui puisse vendre mieux que de répondre à ces 14 questions dans l'ordre.

Vous connaîtrez aussi les techniques qui vont vous permettre d'amener de la présence, de l'enthousiasme dans votre discours pour faire vibrer les gens.

Vous pourrez ainsi les scotcher du début jusqu'à la fin sans jamais avoir peur qu'ils s'endorment ou qu'ils arrêtent votre vidéo parce qu'ils vous trouvent barbant ou ennuyeux à mourir.

Enfin, vous verrez des techniques qui vont vous permettre de gagner un temps incroyable en n'ayant besoin de ne faire qu'une seule prise et en réduisant au minimum le temps que vous passerez au montage.

Commençons tout de suite en découvrant la structure en 14 étapes de votre argumentaire de vente, en page suivante.

## *La structure en 14 étapes pour convaincre automatiquement et déclencher des torrents de ventes.*

Comme on vient d'en parler, cette structure consiste en une liste simple de 14 questions auxquelles il suffit de répondre dans l'ordre, exactement comme si vous faisiez une interview.

Cette structure peut être aussi bien utilisée pour vendre que pour convaincre les gens de faire une action particulière (s'inscrire à un séminaire, venir à une rencontre etc.).

Voyons voir les 14 différentes questions dans les pages qui suivent.

## QUESTION 1 :
## Quel est leur problème ?

Quel est le problème des gens en face de vous ?

Explorez quelles sont leurs frustrations, leurs angoisses, leurs peurs.

Vous pouvez dire par exemple :

*"Est ce que vous en avez pas marre de ...."*

*" Est ce que vous enragez à l'idée que vos concurrents arrivent à faire X sans devoir faire Y ..."*

Répondez à cette question en disant quel est leur problème.

## QUESTION 2 :
## Quelle est la promesse de la vidéo ?

Vous allez ici leur vendre la lecture de la vidéo en leur disant ce qu'elle va leur apporter.

Par exemple, vous pouvez dire :

*" A la fin de cette vidéo, vous saurez exactement comment faire X ou Y."*

*" Dans les minutes qui suivent, je vais vous montrer un moyen pour faire ceci ou cela."*

Dites-leur quelle est la promesse de la vidéo.

## QUESTION 3 :
## Quelles vont être les conséquences de cette promesse dans leur vie quotidienne ?

Vous allez ici leur donner le résultat de cette promesse.

Qu'est ce que ça va changer dans leur vie quotidienne ?

Par exemple :

*"Quand vous allez vous lever demain matin, vous aurez déjà X et saurez comment Y."*

*"Avant le journal de 20h ce soir, vous serez déjà capable de X, Y aura déjà changé dans votre quotidien."*

## QUESTION 4 :
## Quels sont les mythes ou les fausses solutions/idées qui les empêchent de réussir ?

Par exemple, la plupart des gens s'imaginent que ceci ou que cela.

En effet, c'est toujours une minorité qui réussi dans n'importe quel domaine, comme le montre la fameuse règle des 80/20.

Vous pouvez donc prendre les choses que tous les gens qui ne réussissent pas utilisent et essaient, et leur montrer que ça ne marche pas.

Par exemple :

*"Tout le monde croit que ceci amène tel résultat, or c'est le contraire."*

## QUESTION 5 :
## De quoi ont-ils vraiment besoin ?

Vous allez ici amener votre grande idée. La grande idée qui est derrière votre produit, votre service, votre message.

Vous n'allez pas encore leur vendre ni leur parler du produit.

Vous allez simplement leur dire par exemple :

*"Ce dont vous avez vraiment besoin, c'est cette grande idée."*

*"Ce dont vous avez vraiment besoin, c'est un système qui vous permette d'obtenir ceci sans passer par cela."*

*"Ce dont vous avez besoin, c'est d'avoir le système exact qu'utilisent les pros."*

Et là, vous allez expliquer votre grande idée derrière ça, détailler le pourquoi.

## QUESTION 6 :
## Quelle est l'histoire du produit ?

Vous pouvez ici utiliser l'histoire du héros malgré lui.

Pour ça vous pouvez leur montrer que vous sortez un peu de nulle part en disant par exemple

*"Je ne suis pas du tout un expert dans le domaine, simplement je suis tombé dessus parce que je voulais le faire et j'ai découvert au fur et à mesure des techniques qui m'ont permis de X, Y et Z."*

*"Moi quand j'ai commencé il se passait ceci ou cela. Un jour j'ai rencontré quelqu'un qui m'a montré comment faire ceci et cela. J'ai progressé petit à petit, et aujourd'hui j'ai créé un système qui me permet de X et Y."*

L'idée est simplement d'expliquer aux gens quelle est l'histoire de ce produit ou de ce service, pourquoi est ce que vous le leur proposez.

## QUESTION 7 :
## Qu'est ce qu'ils vont obtenir ou apprendre (liste des bénéfices) ?

Vous allez ici dire ce que les gens vont apprendre et lister les bénéfices.

Il est bon d'essayer de lister au moins entre 10 et 20 bénéfices pour ajouter un maximum de valeur perçue.

Par exemple vous pouvez dire :

*"Dans cette formation ou dans les minutes qui suivent, vous allez apprendre toutes ces choses là :*

*1- Je vais vous montrer la technique simple en deux étapes pour faire X.*

*2- Les 3 astuces de pro pour Y.*

*3- Les 5 façons simples de ceci sans y passer trop de temps.*

*Etc."*

## QUESTION 8 :
## Quel est le premier résultat qu'ils vont constater tout de suite ?

Il est très important ici de leur donner un résultat qu'ils vont obtenir tout de suite, même si ce résultat n'est pas énorme.

Effectivement, lorsqu'on promet uniquement des résultats à long terme ou qu'on menace de conséquences et problèmes qui risquent de se produire à long terme (comme c'est le cas par exemple dans les campagnes sur la prévention routière ou sur l'arrêt du tabac), ça ne fait absolument aucun effet.

Effectivement, l'inconscient n'est pas programmé pour réagir à ce qui se passera peut-être dans 10 ou 30 ans.

Il est programmé pour réagir à l'urgence, au danger imminent et aux récompenses et choses positives imminentes.

Donc si votre formation, votre produit ou votre service permet aux gens d'obtenir un résultat dans un an, vous allez commencer par leur dire le premier résultat qu'ils vont avoir dès aujourd'hui, dès cette après-midi ou dès la première semaine.

Il n'y a pas besoin que le résultat soit immense, mais c'est très important de commencer par là.

Ça peut simplement être le fait d'avoir compris tel ou tel concept ou telle idée.

Vous pouvez dire par exemple :

*"Dès ce soir, vous aurez déjà compris X ou Y."*

## QUESTION 9 :
## Quel est le meilleur résultat à long terme ?

Vous allez maintenant pouvoir leur donner le meilleur résultat qu'ils vont obtenir à long terme.

Vous pourrez leur dire par exemple :

*"A la fin de la première année, vous allez pouvoir monter X ou Y."*

## QUESTION 10 :
## Qu'est ce qui va changer dans leur vie quotidienne ?

Une fois qu'ils auront obtenu ce résultat, qu'est ce qui va changer dans leur vie quotidienne.

Par exemple :

*"Quand vous allez vous lever le matin, au lieu de ceci ou cela, tout ce dont vous aviez marre etc."*

Et là vous pouvez si vous voulez en profiter pour faire le lien et faire référence aux problèmes qui ont été vus au début à la première question.

## QUESTION 11 :
## Comment est ce qu'ils vont être vus par les autres ?

Il n'est pas toujours possible de répondre à cette question mais c'est très important quand on peut le faire.

Il faut savoir que quand on achète un produit ça nous permet d'avoir quelque chose c'est-à-dire qu'on a quelque chose entre les mains, mais on devient aussi quelque chose.

Si par exemple on choisi un vêtement plutôt qu'un autre, ça veut dire qu'on s'identifie à un groupe plutôt qu'un autre.

Si on choisi tel type de déco pour mettre chez soi ça veut dire qu'on s'identifie à un groupe plutôt qu'un autre.

On va ainsi pouvoir dire aux gens par exemple :

*"Voilà, vous allez enfin pouvoir passer pro.",* dans le cas où ils veulent s'identifier à un pro.

Leur montrer ici ce qu'ils vont devenir, ou leur dire qu'ils vont être reconnus comme membre de tel groupe, sous-groupe ou culture.

## QUESTION 12 :
## Quels sont les problèmes du produit ?

Si le produit a des problèmes alors ça va renforcer la crédibilité de tout votre l'argumentaire.

Bien entendu, vous chercherez à mentionner ici des problèmes qui ne peuvent pas vraiment heurter la vente.

Si par exemple vous vendez un logiciel, vous n'allez pas leur dire qu'il va bugger toutes les heures. Si vous vendez une formation vidéo, vous n'allez pas leur dire que que le son est inaudible. Si vous vendez un tableau, vous n'allez pas dire qu'il manque la moitié de l'image.

Quand on parle de problème, on fait par exemple référence aux travail et aux efforts que ça peut demander à la personne pour y arriver, sans remettre en cause la qualité de ce que vous vendez.

Par exemple vous pouvez leur dire :

*"Voilà, ce n'est pas du tout une méthode miracle il y a un problème, c'est qu'il va falloir travailler"*, ou *"c'est que ça va vous prendre X heures par semaine"*, ou *"c'est que ça va vous coûter cher et que ce n'est pas gratuit"*, etc.

## QUESTION 13 :
## Comment ça marche concrètement ?

Vous allez ici détailler le mécanisme du produit ou service.

En d'autres termes, vous allez par exemple parler du principe de fonctionnement général du produit, de ses caractéristiques principales, des éléments ou accessoires qui le composent.

Les gens vont ainsi savoir à quoi s'attendre; ce qu'ils trouveront vraiment "dans la boîte".

Par exemple selon votre produit vous pouvez mentionner son format (audio, vidéo, logiciel etc.), sa durée, le nombre de parties qu'il possède, et expliquer comment le prendre en main.

Vous pouvez dire par exemple :

*"C'est une formation audio qui dure 1 heure 40 et composée de 4 modules au format mp3, vous pouvez mettre sur pause pour faire les actions."*

*"C'est un logiciel que vous recevez immédiatement après téléchargement. Il vous suffit ensuite simplement de double-cliquer dessus pour 'installer puis d'entrer la clé de licence qui vous sera fourni en annèxe dans un fichier PDF, et vous êtes prêt à l'utiliser."*

Vous n'avez pas besoin de trop vous étaler dans les détails. Quelques phrases simples de description suffisent.

Si votre produit demande une installation complexe, n'allez surtout pas expliquer comment l'installer en y passant 10 minutes.

A la place, dites qu'il leur suffit de suivre la notice très bien expliquée fournie et qu'ils pourront l'installer totalement en moins de 5 minutes.

Veillez à toujours faire en sorte que votre produit soit le plus simple possible à installer ou à prendre en main. Sinon vous risquez de faire fuir les gens qui se diront que c'est trop compliqué pour eux.

## QUESTION 14 :
### Pourquoi il faut agir tout de suite ?

Vous allez redonner ici le plus gros bénéfice du produit, la raison principale pour laquelle il faut acheter le produit tout de suite.

Vous pouvez ensuite dire et demander l'action à faire pour acquérir le produit tout de suite.

Vous pouvez dire par exemple :

*"Avec cette méthode pas-à-pas, vous allez définitivement arrêter de fumer sans même vous rappeler qu'avant vous fumiez comme un pompier. Il vous suffit juste de cliquer sur le bouton ci-dessous pour la télécharger tout de suite, et nous on se retrouve immédiatement de l'autre côté pour commencer avec la première partie."*

*"Ce logiciel va vraiment vous permettre de réaliser des logos de manière professionnelle en deux clics de souris sans avoir à payer une agence de communication. Remplissez simplement le formulaire ci-dessous et vous recevrez votre clé de licence immédiatement dans votre boîte email."*

Ceci termine votre argumentaire de vente vidéo.

Vous allez voir dans les pages suivantes exactement comment utiliser cet argumentaire très facilement, pour avoir l'air naturel et pour n'avoir besoin de faire qu'une seule prise avec votre caméra.

Mais avant de voir ça, vous allez découvrir comment amener de la présence devant la caméra pour ne pas paraître ennuyeux ou monotone.

*Les techniques pour amener de la présence et rendre votre discours vibrant pour scotcher les gens du début à la fin.*

Maintenant que vous avez réalisé ce qui est peut-être l'argumentaire de vente le plus convaincant, il serait dommage de tout gâcher en ayant une attitude plate et fade devant la caméra.

Ou alors d'avoir un ton tellement monotone qu'il donne aux gens l'envie de s'endormir ou de zapper votre vidéo.

Vous allez découvrir ici comment amener de la présence et de l'enthousiasme pour faire vibrer les gens du début à la fin de votre vidéo.

Il y a pour ça un truc essentiel à côté duquel la plupart des gens passe.

Ce truc vient du motivateur et marketeur en ligne Brendon Rurchard, et consiste tout simplement à vous demander **quel degré de présence est-ce que vous avez lorsque vous parlez.**

Est-ce que vous êtes à 100% quand vous parlez et avez par exemple le sourire, êtes enthousiaste, générez de l'émotion, parlez de manière passionnée et avec volume ?

Ou au contraire est-ce que vous êtes à 10 ou 20% et faites une tête qui donne l'impression que vous vous ennuyez à mourir, ou parlez dans votre barbe de manière plate et monotone comme un robot sans âme ?

Alors évidemment, il ne s'agit pas d'être à fond tout le long de votre discours, ni de donner une énergie telle que vous gesticulez dans tous les sens et parlez à en oublier de respirer et à vous faire exploser la cage thoracique.

Si vous faites ça, il est probable que vous serez lessivé au bout de une à deux minutes car vous aurez l'impression d'avoir couru un marathon.

Il s'agit de trouver un juste milieu dans la présence que vous allez donner, c'est-à-dire dans l'énergie que vous allez mettre dans votre discours pour le transmettre.

Pensez donc systématiquement à apporter un degré de présence de 100% dans votre discours, mais sans avoir besoin d'être à 200%.

Le problème que vous pouvez rencontrer pour apporter de la présence, est qu'il est en général difficile d'apporter de la présence quand vous parlez à face d'une caméra qui est à un mètre de vous.

Par exemple, regardez la différence entre la façon dont quelqu'un va parler à une foule, et la façon dont quelqu'un va parler en face de sa webcam.

Admettons que vous preniez le meilleur orateur qui a le meilleur degré de présence au monde, et que vous le placiez en face d'une webcam ou d'une conversation sur skype avec des amis.

Dans ce cas, sa présence s'anesthésie totalement car il parle à un support qui est proche de lui.

En effet, lui comme n'importe qui n'est pas programmé pour hurler dans les oreilles de quelqu'un qui se trouve à 50 cm de nous.

Le problème est qu'on tend à reproduire ce même schéma quand le matériel d'enregistrement est proche de nous.

Quand vous parlez à une webcam, un ordinateur ou une caméra qui se situe à un mètre de vous, vous n'allez pas spontanément penser à amener beaucoup de présence.

La raison est que vous reproduisez le schéma de parler comme si la personne était juste à côté de vous, et donc vous n'avez pas envie de lui briser les tympans.

Voici une technique simple pour réussir à vous mettre dans le même état, les mêmes conditions propices à libérer de la présence comme si vous parliez à une foule, tout en étant devant votre caméra, à un mètre d'elle.

Cette solution consiste à ne pas parler à la caméra mais de mettre un point sur le mur derrière votre caméra et de parler à ce point.

Faites en sorte de mettre le point à un endroit pas trop éloigné derrière, de manière à donner l'impression que vous regardez la caméra quand vous regardez le point.

Puis, imaginez quand vous regardez le point que vous parlez à des gens qui se trouvent 50 mètres derrière.

Si vous avez de la place, une alternative consiste aussi à mettre la caméra le plus loin possible de vous à plusieurs mètres, et de la régler sur vous avec un mode zoom.

Il vous faudra dans ce cas obligatoirement une prise de son externe avec un enregistreur que vous porterez sur vous.

Ainsi, vous aurez des vidéos qui sont beaucoup plus énergiques avec un maximum d'enthousiasme si vous mettez la caméra loin ou si vous parlez à quelqu'un qui se trouve loin.

Dans le cas où vous n'enregistrez que de l'audio (par exemple dans le cas d'un screencast), vous pouvez faire exactement la même chose.

L'astuce ici ne consiste pas à regarder votre micro qui se trouve en général à 10 ou 15 cm de vous, mais de fixer un point lointain comme le bout de votre pièce ou une partie de votre jardin au travers la fenêtre.

Ça aura pour effet d'augmenter votre présence. En effet, ça vous fera augmenter le volume avec lequel vous parlez, et le volume de la voix est lié à l'énergie.

En d'autres termes, si vous vous forcez à donner un certain volume, vous amenez forcément derrière par voie de conséquence une énergie qui est plus importante, et donc les gens vont vibrer davantage.

Ceci termine cette partie.

Vous avez donc la structure de votre argumentaire de vente en 14 questions grâce à la partie précédente, et vous savez maintenant comment amener de la présence dans votre discours pour faire vibrer les gens et les garder scotchés du début jusqu'à la fin.

Maintenant, il va être temps de passer au tournage de votre vidéo.

Vous allez pour ça voir des techniques pour utiliser votre structure en 14 questions de manière à n'avoir besoin que de faire qu'une seule prise avec votre caméra et pas devoir recommencer 10 ou 20 fois avant d'avoir une version satisfaisante.

Vous découvrirez aussi les trucs à faire au tournage pour vous assurer de passer un minimum de temps au montage de votre vidéo.

Vous allez voir tout ça en page suivante.

*Techniques à connaître pour tourner votre vidéo en une seule prise et minimiser votre temps de montage.*

Vous allez maintenant vous remémorer la structure de votre argumentaire de vente en 14 questions vue précédemment, et découvrir la manière de l'utiliser pour n'avoir à faire qu'une seule prise.

Juste pour faire une parenthèse sur la durée que doit avoir votre vidéo de vente avant de continuer, sachez que la longueur moyenne d'une vidéo de vente se situe entre 5 et 45 minutes, selon les produits et services.

Ceci étant dit, nous pouvons continuer.

L'idée consiste à faire comme si ces questions étaient une interview à laquelle vous répondiez.

Il vous suffit alors de répondre à chacune de ces questions séparément et à la suite en une ou deux minutes, voire parfois en 20 ou 30 secondes pour certaines questions.

Vous pouvez pour ça faire 14 petites séquences de vidéos que vous assemblerez au montage, simplement en arrêtant la caméra dès qu'une question a été traitée puis en la relançant pour la suivante.

Vous pouvez aussi carrément laisser tourner la caméra tout le long de l'interview et des 14 questions, en gardant un long silence entre chaque question.

Vous pourrez bien entendu prendre tout le temps dont vous avez besoin pour vous préparer à répondre à la question suivante, par exemple en lisant vos notes (on verra plus loin quoi noter, mais les notes ne sont absolument pas nécessaires).

Vous créerez de cette manière de longs moments silencieux entre les scènes, qui seront très utiles pour votre montage.

En effet lorsque vous ferez le montage de la vidéo, vous saurez que ces longs silences que vous verrez sur le spectre représentant le son correspondent aux différentes parties entre les questions.

Vous pourrez alors très facilement couper ces longs silences et assembler votre vidéo en un temps record.

Ne vous inquiétez pas si votre vidéo semble "coupée" entre chaque partie une fois que vous aurez assemblé vos séquences, par exemple si on vous voit vous décaler d'un ou deux cm.

C'est un type de coupure qui s'appelle en anglais le "jump cut", et c'est le meilleur type de coupure que vous puissiez faire comme le dit l'expert en vidéo James Wedmore.

En effet, il est totalement inutile d'insérer entre vos parties des transitions ou des effets de fondu d'écran qui ne feraient qu'alourdir la vidéo et vous rajouter du travail supplémentaire inutilement.

Par ailleurs si vous choisissez d'avoir un enregistreur externe, il vous faudra par la suite synchroniser l'image prise à la caméra avec la bande son de votre enregistreur.

Que vous choisissiez de tourner 14 petites séquences ou de n'en faire qu'une seule comme vu précédemment, le principe est le même et vous pouvez faire ça très facilement avec le truc suivant.

Il vous suffit juste au tout début de chaque enregistrement de taper dans les mains.

Vous pourrez ainsi synchroniser très facilement les deux fichiers de votre image et votre voix dans votre logiciel de montage.

En effet, le fait de taper dans les mains va créer un pic d'intensité sonore de quelques millisecondes qui se verra très clairement sur le spectre de votre fichier son.

Il suffira alors simplement de faire glisser la piste pour que ce pic soit aligné exactement avec l'instant où vos mains tapent l'une dans l'autre (ou avec le pic de son qui sera créé avec le micro intégré à votre caméra), et vos deux pistes seront parfaitement synchronisées.

Maintenant, posons-nous la question de savoir s'il faut que vous rédigiez un script mot-à-mot pour répondre à chacune de ces 14 questions.

La réponse est non.

Bien au contraire, avoir un script trop figé vous ferait perdre votre naturel et votre spontanéité, et ça se ressentira lorsque vous parlerez. Votre vidéo aura alors un goût qui sonne trop artificiel.

En plus, rédiger un script et l'apprendre par coeur est beaucoup trop contraignant et vous demandera des efforts de mémorisation vraiment inutiles.

En revanche, le problème que vous pouvez rencontrer c'est de ne pas savoir comment démarrer pour répondre à chacune des 14 questions.

Si vous êtes dans ce cas, ce que je vous recommande est donc de simplement rédiger la première phrase de réponse à chacune des 14 questions.

Vous pouvez aussi éventuellement faire une liste de points que vous voulez aborder pour chaque question, mais vous ne devez surtout pas rédiger ces points, juste les lister sans faire de phrases.

De cette manière et en connaissant la première phrase que vous allez dire, ça va vous permettre de vous mettre instantanément dans le bain de votre réponse.

Vous serez ainsi beaucoup plus détendu, naturel, et serez dans les conditions idéales pour vous donner à fond et apporter un maximum de présence à votre discours.

Si jamais vous ratez toutefois votre réponse à une question, aucun problème. Il vous suffit juste de recommencer simplement la séquence.

De cette manière vous n'aurez jamais besoin de recommencer toute la série des 14 questions si jamais vous vous plantez à la 12ème, et vous gagnerez un temps fou au tournage, au montage et en sécurité d'esprit.

Ceci termine ce deuxième module.

Vous connaissez maintenant un plan d'argumentaire de vente en 14 questions qui vous donne entre les mains une véritable "bête à vendre" que vous ne trouverez certainement nulle part ailleurs.

Vous connaissez également toutes les techniques qui vont vous permettre d'amener un maximum de présence dans vos vidéos pour faire vibrer les gens et les captiver du début à la fin.

Enfin, vous avez vu les meilleures techniques pour tourner votre vidéo afin de n'avoir à faire qu'une seule prise et afin de minimiser le temps que vous passerez au montage. Ces techniques vous permettent de tourner votre vidéo beaucoup plus vite que les gens qui débutent, tout en vous donnant une tranquilité d'esprit pour pouvoir vous donner à fond et délivrer un maximum de présence.

Il reste maintenant à voir dans un dernier module tout ce qui vient après le tournage de votre vidéo comme le montage, l'hébergement de votre vidéo ou encore la création de votre page de vente vidéo.

## MODULE #3: MONTEZ VOTRE VIDÉO ET CRÉEZ VOTRE PAGE DE VENTE VIDÉO.

A la fin de ce module, vous aurez complètement terminé le montage de votre vidéo de vente, et aurez créé votre page de vente vidéo.

Vous saurez exactement comment faire le montage de votre vidéo.

Vous aurez vu quelles sont les choses qui permettent de d'enrichir votre vidéo et les choses à éviter de rajouter, ainsi que les plateformes pour l'héberger.

Vous connaîtrez trois trucs extrêmement simples qui ne vous prendront qu'une poignée de minutes, mais qui peuvent aller jusqu'à doubler vos taux de conversion si vous les appliquez.

Vous aurez découvert et pris en main la structure de votre page de vente vidéo, et vous aurez créé la vôtre.

Vous aurez en dernier lieu découvert un bonus qui va vous permettre d'élargir encore un peu plus votre audience et donc de vendre plus.

## *Comment faire le montage de votre vidéo.*

Pour faire le montage, il va vous falloir d'abord un logiciel de montage.

On en a parlé précédemment, et le logiciel de montage que je vous recommande est Camtasia Studio, disponible aussi bien pour Mac que pour PC.

Il en existe évidemment une quantité énorme, et d'autres logiciels comme Final Cut Pro sont également excellents.

Vous pouvez également utiliser ces logiciels pour incruster une image ou une vidéo de fond, dans le cas où vous avez choisi d'utiliser un fond vert.

Il vous suffira pour ça simplement d'enlever de votre vidéo la couleur correspondant à votre fond vert et de mettre une image ou un fond animé à la place.

Si vous ne voulez pas investir ou n'avez pas les moyens, vous pouvez utiliser des éditeurs gratuits comme Windows Movie Maker.

Quoi qu'il en soit, je vous invite à regarder par vous-même et choisir l'éditeur qui vous convient le mieux en termes de budget et fonctionnalités. Vous êtes maîtres de vos besoins à ce niveau-là.

Une fois que vous aurez chargé vos 14 différentes séquences vidéos vous pourrez ensuite mettre bout à bout les différentes séquences.

Si vous avez utilisé un enregistreur de son externe, vous chargerez de la même manière les 14 séquences de son.

Vous synchroniserez alors ces séquences de son avec les séquences vidéos à l'aide des pics de son que vous aurez créés en tapant dans les mains, comme on l'a vu précédemment.

Dans le cas où vous avez décidé de tout filmer à la suite, vous n'aurez donc qu'une seule séquence à charger (ou deux si vous avez utilisé un microphone externe pour la prise de son. Vous devrez alors synchroniser vos deux pistes comme on l'a expliqué plus haut).

Il vous suffira alors de couper les temps de silence entre les séquences, comme il a été vu précédemment.

Le montage de votre vidéo est presque terminé.

Voyons voir maintenant en page suivante comment l'enrichir avec les choses à rajouter et ce qu'il faut éviter.

### *Les choses pour enrichir votre vidéo et les choses à éviter.*

Pour enrichir votre vidéo vous pouvez, si vous le désirez, rajouter un fond sonore comme une musique de fond.

Il existe pour ça plein de sites tels que pond5, audiojungle ou encore audioblocks.

Vous n'avez que l'embarras du choix et vous pouvez facilement trouver sur Internet des musiques libres de droit aussi bien gratuites que payantes.

Pour ce qui est du type de musique, faites-vous confiance.

Selon le produit ou le service dont vous faites la promotion, vous ne choisirez pas forcément le même type de musique.

Vous pouvez par exemple être amené à choisir soit une musique dynamique qui créé un peu un effet d'urgence comme par exemple les musiques de fond qu'on entend dans les news, ou alors une musique qui permet de mettre l'interlocuteur à l'aise, le détendre, et créer un climat de partage.

Dans tous les cas, assurez-vous que votre musique ou effet sonore renforce l'attention des gens et au contraire ne la dégrade pas. C'est très important.

Au niveau de l'intensité, vous chercherez à la diminuer par rapport au volume de votre voix (que vous pouvez aussi augmenter avec le logiciel de montage si vous trouvez que le niveau sonore de votre voix est trop faible), de manière à ce qu'elle ne recouvre pas votre voix mais que ce soit juste un fond sonore.

Par exemple, la musique de fond ne devra pas représenter plus de 20% par rapport au volume de votre voix. Faites des essais pour trouver le bon compromis.

Voyons maintenant ce qu'il faut éviter de mettre sur votre vidéo de vente.

Ce que je vous déconseille, c'est de mettre une animation d'introduction.

Vous avez peut-être déjà vu ce genre d'introductions dans certaines vidéos avec un logo ou une marque combiné à une petite musique en guise de slogan.

Le problème de ce genre d'intro est que ça va vous faire perdre du temps et ça risque ainsi fortement de vous faire perdre des gens.

En effet, vous savez peut-être que la plupart des gens qui quittent une vidéo le font dans les premières secondes.

C'est pour ça que les premières secondes de votre vidéo servent essentiellement à vendre la lecture de la vidéo et leur donner des raisons pour rester jusqu'à la fin.

Evitez donc de perdre ce temps précieux avec une introduction et une mise en scène un peu comme dans les films et qui dure de longues secondes, et commencez directement au contenu.

Voyons voir maintenant les différents moyens de mettre en ligne votre vidéo.

### Les meilleures plateformes pour héberger votre vidéo.

La première plateforme incontournable est bien entendu Youtube.

Non seulement elle est gratuite, mais elle vous permet également d'obtenir du trafic organique si vous faites un travail pour optimiser les mots-clés du titre, de la description et des tags.

Vous pouvez donc sans problèmes utiliser Youtube.

Vous avez également d'autres services professionnels très bons que vous pouvez consulter pour plus de détails : Vimeo, Wistia, Sprout Video, Viddler, Brightcove, Vidyard, Viewbix ou encore Vzaar.

Ceci n'est pas une liste complète et il en existe beaucoup d'autres.

L'avantage des versions payantes, c'est qu'elles vous donneront des possibilités que les versions gratuites n'offrent pas.

Par exemple, vous pourrez masquer la barre de défilement qui informe sur la durée. On en reparlera plus en détails dans la partie suivante.

Vous pouvez également rajouter votre marque ou encore des boutons de partage social ou directement des boutons pour pousser à l'action et cliquables sur la vidéo que vous allez embarquer ensuite sur votre page de vente.

Faites votre choix avec ces nombreuses alternatives, il y en a vraiment pour tous les goûts.

### _Trois trucs tout simples pour multiplier par 2 vos conversions._

Pour terminer, voici trois trucs tout simples, mais qui peuvent aller jusqu'à diviser par deux vos taux de conversions si vous les oubliez.

Le premier consiste à systématiquement mettre votre vidéo en mode "autoplay", de manière à ce qu'elle se joue automatiquement sans qu'il y ait besoin d'appuyer sur play. C'est très important de ne pas oublier ça.

Le deuxième truc consiste à masquer à tout prix les vidéos complémentaires qui s'affichent à la fin de votre vidéo, si par exemple vous utilisez Youtube.

En effet, si vous ne le faites pas, vous donnez des portes de sortie à vos visiteurs qui peuvent être amenés à faire une autre action (voir une autre vidéo similaire) que celle de cliquer sur votre bouton d'achat.

Vous voulez à tout prix éviter de disperser votre audience et le clic sur le bouton d'achat doit être la seule action possible (ou presque) sur votre page de vente.

Enfin, le troisième truc consiste à masquer la barre de défilement du temps. Il faut à tout prix éviter à vos visiteurs de pouvoir avancer votre vidéo ou voir le temps qu'il reste.

Le fait de masquer cette barre va vous permettre d'avoir davantage de gens qui restent jusqu'à la fin, et un peu plus de gens qui achètent.

En revanche, s'ils voient la barre et que votre vidéo dure 15 à 20 min, ils vont peut-être se dire qu'ils ne souhaitent pas attendre autant et ainsi quitter votre vidéo avant la fin.

Appliquer ces trois trucs vous permettra de maximiser vos conversions qui peuvent être divisées jusqu'à deux si vous ne les appliquez pas.

Il est maintenant temps de créer votre page de vente vidéo, dans la partie suivante.

## La structure de votre page de vente vidéo.

La page de vente vidéo est une page très simple et rappelez-vous toujours qu'une bonne page de vente se doit d'être minimaliste et comporter un minimum de liens.

Le seul vrai lien qu'elle doit comporter est le lien sur le bouton d'achat. Ne mettez jamais de publicité ou de liens inutiles sur votre page de vente.

Ce que vous voulez, c'est que les gens cliquent sur le bouton d'achat et ne s'évaporent pas dans la nature en cliquant sur d'autres liens distrayants et inutiles.

A la rigueur, les seuls autres liens acceptables en plus du bouton d'achat sont les liens tout en bas de la page vers les mentions légales, les conditions générales de vente et le formulaire de contact. C'est tout.

Pour la créer, il vous suffit simplement par exemple de créer un nouveau post de blog Wordpress, ou de créer une page dédiée sur votre site web.

Vous trouverez aussi de nombreux templates vous permettant d'en créer une en quelques minutes.

Des services comme Optimize Press sont par exemple parfaits pour créer une page de vente vidéo facilement, surtout si vous ne vous y connaissez pas trop en technique. Son éditeur live vous permet d'insérer à la volée votre vidéo ou d'ajouter un bouton d'achat de grande qualité.

Voici maintenant la structure et les trois éléments principaux que doit comporter votre page de vente vidéo, de haut en bas :

**1- Un titre qui capte l'attention de vos prospects.**
**2- Votre vidéo de vente.**
**3- Votre bouton d'achat.**

Vous pouvez si vous le souhaitez rajouter d'autres éléments à la suite (garanties diverses, références, témoignages clients etc.) mais ce sont les trois éléments qu'elle doit comporter au minimum.

De plus, rappelez-vous que plus votre page de vente vidéo sera simple, légère et non encombrée, mieux ce sera.

Détaillons dans les pages suivantes ces trois éléments.

## 1- Un titre qui capte l'attention de vos prospects.

Assurez-vous d'avoir un titre qui donne par exemple à la fois le plus gros bénéfice qu'ils vont obtenir, et qui génère de la curiosité.

Ces deux critères constituent la meilleure formule pour capter leur attention et créer de l'intérêt.

N'hésitez pas à rajouter des informations très spécifiques qui auront pour effet de créer encore plus de curiosité.

Par exemple :

*"Découvrez le secret pour arrêter de fumer en 48 heures."*

*"Comment devenir un pro de Photoshop en 20 minutes."*

*"Apprendre l'Anglais n'a jamais été aussi facile !"*

*"Le nouveau moyen d'avoir des abdominaux d'acier sans effort."*

*"La méthode légale qui divise vos impôts par 3."*

Tous ces titres apportent à la fois un bénéfice fort et une touche de curiosité, ce qui les rend irrésistibles et créent un intérêt très puissant.

N'hésitez pas à vous inspirer des titres qui fonctionnent et regardant par exemple ce qui se fait sur d'autres pages de vente Internet ou les publicités des magazines spécialisés.

De nombreuses trames et formules gagnantes sont également proposées sur Internet, mais en utilisant la formule ci-dessus vous avez déjà très peu de chances de vous tromper.

Par ailleurs, le titre est tellement facile à changer que vous pourrez facilement le faire par exemple en faisant des tests A/B (tester deux versions d'une même page de vente avec seulement un paramètre qui change. Dans ce cas, ça serait le titre).

L'idéal est de pouvoir garder votre titre assez court. Huit mots ou moins serait l'idéal, mais évitez de le faire trop long.

Vous pouvez, au besoin, utiliser aussi un sous-titre qui va permettre de préciser ce que vous n'avez pas pu dire dans votre titre.

Dernier petit secret de copywriting pour votre titre : les mots les plus importants sont les 3 premiers et les 3 derniers.

Si vous êtes amenés à modifier votre titre, portez une attention particulière à ces mots car ils peuvent faire une différence radicale.

## 2- Votre vidéo de vente.

Il s'agit de la vidéo que vous avez réalisée tout au long de cette formation.

Maintenant qu'elle est hébergée sur une plateforme comme Youtube ou Vimeo, il ne vous reste plus qu'à l'intégrer sur votre page.

Vous pouvez par exemple utiliser une taille de 853 x 480, ou une taille un peu plus petite de 640 x 360.

Evitez de l'intégrer avec une taille plus petite que ça et évitez de la faire trop grande non plus.

L'idéal est qu'on puisse voir la vidéo en entier ainsi que le bouton d'achat juste en dessous dès le chargement de la page, sans avoir besoin d'utiliser la souris pour descendre.

C'est ce qu'on appelle en anglais "above the fold".

### 3- Votre bouton d'achat.

Le design et la taille du bouton qui permet de cliquer pour afficher la page de paiement joue également un rôle important.

Ce qui fonctionne le mieux, ce sont en général les boutons larges et très visibles, voire ludiques.

Vous pouvez très facilement créer votre bouton en moins d'une minute en utilisant des générateurs de boutons en ligne gratuits tels que Da Button Factory (http://dabuttonfactory.com) ou Button Optimizer (http://buttonoptimizer.com/).

Il vous suffira d'entrer votre texte, la couleur, et de le télécharger au format png.

Vous pouvez aussi doubler le lien du bouton par un lien texte que vous mettrez juste en dessous.

Allez savoir pourquoi, certaines personnes préfèrent cliquer sur ce type de liens plutôt que sur les boutons.

Vous pouvez par exemple mettre un gros bouton rouge ou jaune sur lequel il y a écrit :

*"Téléchargez le logiciel tout de suite."*

*"Commandez immédiatement."*

*"Achat immédiat."*

Suivi d'un lien texte juste en dessous disant :

*"Cliquez ici pour passer commande."*

*"Téléchargez votre produit en cliquant ici."*

N'hésitez pas à trouver de l'inspiration en regardant ce qui se fait sur les autres pages de vente ou sur les sites de e-commerce de référence.

Encore une fois, vous pourrez facilement tester différentes versions de vos boutons, vu la rapidité avec laquelle vous pourrez les créer avec les générateurs ci-dessus.

A ce stade, votre page de vente vidéo est maintenant totalement créée et opérationnelle en ligne.

En bonus, voici en page suivante une alternative à la page de vente vidéo, qui est la page de vente hybride.

### *Bonus : La page de vente hybride.*

La page de vente hybride est une variante à la page de vente vidéo.

Elle combine à la fois vidéo et texte, pour permettre ainsi de capter, en plus de votre audience actuelle, une audience encore plus large avec des gens qui préfèrent le support texte, et donc augmenter vos ventes au final.

Elle reprend les trois éléments de la page de vente vidéo vus précédemment, qu'elle complète avec une mini lettre de vente.

Ainsi, vous retrouvez tout en haut de la page le titre, votre vidéo de vente et un premier bouton d'achat doublé d'un lien texte.

Assurez-vous de toujours avoir votre vidéo visible en entier dès le chargement de la page sans qu'il y ait besoin d'utiliser la souris pour se déplacer vers le bas.

L'idéal est aussi de voir le bouton d'achat de la même façon.

C'est très important car beaucoup de gens utilisent des iPads ou de petits ordinateurs portables, donc il faut qu'ils puissent voir au moins la vidéo directement.

Notez ici que mettre le bouton d'achat à ce stade n'est pas totalement indispensable car il sera mis plus bas. Vous pouvez aussi le doubler et en mettre un maintenant, puis un autre plus bas.

N'hésitez pas ici encore à tester différentes versions pour savoir si mettre un bouton d'achat supplémentaire juste en dessous de la vidéo augmente vos taux de conversion ou au contraire les diminue. Seuls les tests en réel pourront vous le révéler.

Ensuite, juste en dessous de votre vidéo (ou de votre premier bouton d'achat si vous décidez de le mettre), vous avez une lettre de vente très courte.

Cette lettre de vente peut se résumer en une simple liste de 5 à 7 points donnant les bénéfices du produit, suivi de deux ou trois paragraphes de texte très courts.

Vient ensuite le moment de mettre une preuve sociale.

Si vous avez des références ou êtes apparu sur des sites web d'autorité comme le Huffington Post ou que vous avez des guest posts importants (des articles que vous avez postés sur des blogs ou sites web par exemple d'autorité dans votre thématique), c'est le moment de les mettre.

De la même manière, c'est le moment de mettre les témoignages clients si vous en avez.

Ensuite, vous pouvez mettre (ou remettre) votre bouton d'achat doublé d'un lien texte, qui vous servira d'appel à l'action.

Le gros avantage d'une page de vente hybride est qu'elle permet aussi de donner quelque chose à lire, car tout le monde n'aime pas forcément avoir uniquement une vidéo de vente et certaines personnes aiment pouvoir lire quelque chose.

De plus, écrire cette courte lettre de vente ne va pas vous prendre plus de 10 ou 15 minutes, il serait donc dommage de vous en priver.

N'hésitez pas non plus à tester les taux de conversion entre votre page de vente vidéo et votre page de vente hybride.


Ceci termine ce troisième et dernier module.

Vous avez pu voir comment réaliser facilement le montage de votre vidéo de vente en un minimum de temps, où héberger votre vidéo ainsi que quelques trucs à connaître qui peuvent vous permettre de doubler vos taux de conversion très simplement si vous les mettez en place.

Vous avez vu la structure et les facteurs que doit avoir une page de vente vidéo qui converti et vous avez ainsi facilement pu créer la vôtre.

Enfin, en guise de bonus, vous avez vu la structure de la page de vente hybride qui permet de combiner texte et vidéo et peut ainsi vous permettre d'augmenter vos taux de conversion en s'adressant aussi à une audience qui préfère le format texte.

Cette formation touche à sa fin et il reste à la conclure en page suivante.

# CONCLUSION.

Vous avez vu dans cette formation tout ce que vous avez besoin de savoir pour vendre en vidéo comme un professionnel.

Le module 1 vous a permis de choisir tout votre matériel pour avoir un rendu professionnel sans pour autant vous ruiner, et vous avez pu vous équiper tout en respectant votre budget.

Vous avez également mis en place votre environnement de tournage avec la création de votre studio complet que vous pouvez monter en moins de dix minutes, et vous avez aussi vu comment vous passer facilement de studio sans pour autant heurter vos taux de conversion.

Le deuxième module vous a permis de construire facilement votre argumentaire de vente grâce à un plan en 14 étapes à suivre et qui constitue une véritable "bête à vendre" que probablement beaucoup vont vous jalouser.

Vous connaissez les techniques pour apporter de la présence à votre discours et faire vibrer les gens pour être sûr qu'ils vont rester scotchés sur vos vidéos du début jusqu'à la fin.

Ce deuxième module vous a aussi permis de découvrir des trucs qui vont vous faire réaliser vos vidéos de vente deux à trois fois plus vite que les autres. Vous savez maintenant comment réussir votre vidéo en ne faisant qu'une seule prise et comment passer un minimum de temps au montage.

Enfin, le troisième module vous a montré comment faire le montage de votre vidéo, comment l'enrichir avec par exemple de la musique et les choses qu'il faut éviter d'ajouter.

Vous avez également vu les meilleures plateformes pour héberger votre vidéo ainsi que trois trucs simples et très rapides qui vont vous permettre de doubler vos conversions si vous les mettez en place.

Puis vous avez créé votre page de vente vidéo en voyant la structure détaillée d'une page de vente vidéo qui converti et qui cartonne.

En bonus, vous avez également découvert la structure d'une page de vente hybride, qui vous permet d'utiliser à la fois la vidéo et du texte afin de toucher une audience encore plus grande en s'adressant aux personnes qui aiment aussi avoir quelque chose à lire.

Vous avez donc maintenant vraiment tout ce qu'il vous faut pour vendre en vidéo aussi efficacement voire mieux que certains professionnels, peu importe la thématique dans laquelle vous vous trouvez.

Vous verrez que vous allez obtenir des taux de conversion absolument bluffants si vous suivez les conseils de cette formation.

Vous pourrez ainsi réaliser en un temps record autant de vidéos de vente ou de pages de vente vidéo que vous voulez et dans n'importe quelle thématique, et décupler ainsi vos rentrées d'argent.

Je vous envoie tous mes voeux de succès pour vendre comme un pro grâce à la vidéo, et vous dis à bientôt j'espère dans une prochaine formation.

## A PROPOS DE L'AUTEUR.

Rémy Roulier est un ancien ingénieur informatique et responsable marketing dans une multinationale. Il est aujourd'hui digital nomad et voyage partout dans le monde, et a acquis depuis plus de dix ans une véritable expertise dans le marketing internet et le développement personnel.

Il partage aujourd'hui ses outils et son expérience pour permettre aux autres d'atteindre également leur indépendance financière et de façonner leur vie telle qu'ils la désirent vraiment.

# CRÉATIONS DU MÊME AUTEUR.

Retrouvez mes nombreuses créations directement sur Amazon.

En voici aussi quelques-unes qui peuvent vous servir :

*TUNNELS DE VENTE SOCIAUX:*
*GAGNER DE L'ARGENT SUR INTERNET ET DEVENIR RICHE AUJOURD'HUI*
*APRES L'EXPLOSION DES RESEAUX SOCIAUX (FACEBOOK, TWITTER...) ET*
*YOUTUBE.*

Une véritable plongée dans la psychologie de l'acheteur d'aujourd'hui et une méthode pratique qui vous permet de créer un tunnel de vente tel qui fonctionne après l'explosion des réseaux sociaux. Convertissez ainsi sans peine vos prospects en clients, en acheteurs multiples, en fans et en véritables ambassadeurs de vos produits auprès de leurs amis pour étendre votre notoriété comme une trainée de poudre.

*TROUVER UNE NICHE LUCRATIVE SANS SE TROMPER:*
*LA NOUVELLE DEMARCHE POUR CREER UN BLOG DANS UN MARCHE DE*
*NICHE ULTRA RENTABLE ET DEVENIR RICHE DU 1er COUP.*

Tout ce qu'il vous faut pour bien choisir votre marché de niche pour être sûr de réussir, et ne pas commettre les erreurs des débutants qui se retrouvent ruinés au bout de 6 mois ou 1 an car ils ont choisi leur marché de niche en se basant sur les mauvais critères.

***TITRES QUI VENDENT:***
***DANS 47 MINUTES VOUS ECRIREZ DES TITRES FACEBOOK, ADWORDS,***
***BLOG, PAGE DE VENTE, EMAIL COMME UN PRO DU COPYWRITING!***
Découvrez les secrets et les 101 meilleurs templates pour créer des
titres chocs qui vont vous rapporter (très) gros, et acquérir les
compétences des meilleurs copywriters en seulement 47 minutes!
*Cliquez sur la couverture pour y accéder sur Amazon.fr:*

***ECRIRE UN EBOOK IRRESISTIBLE EN UN WEEK-END:***
***LA NOUVELLE METHODE POUR ECRIRE UN LIVRE QUE LES LECTEURS***
***ADORENT, PRET A VENDRE LUNDI MATIN.***
Laissez-vous guider par une procédure simple et d'une efficacité
redoutable pour créer en seulement un week-end un ebook que les
gens vont s'arracher, même si vous n'êtes pas expert dans un domaine.

*DEVENIR RICHE EN 42 JOURS:*
*LA METHODE PAS-A-PAS POUR.GAGNER DE L'ARGENT SUR INTERNET ET*
*VIVRE SES REVES EN PARTANT DE RIEN.*

Une méthode prouvée qui vous guide pas-à-pas et vous permet d'atteindre votre indépendance financière en 42 jours grâce à Internet, même si vous démarrez actuellement de rien. Un must à ne pas manquer.

*COMMENT SE CONCENTRER COMME EINSTEIN:*
*LE SECRET DES ETUDIANTS PARESSEUX POUR DECUPLER LA*
*CONCENTRATION ET*
*LA MEMOIRE AVEC LA TECHNIQUE DU DOCTEUR VITTOZ.*

Ce best seller dans le top 100 des meilleures ventes d'Amazon vous montrera la technique jadis utilisée par Einstein qui vous donnera le pouvoir de vous concentrer sur ce que vous voulez aussi longtemps que vous voulez.

www.ingramcontent.com/pod-product-compliance
Lightning Source LLC
Chambersburg PA
CBHW060407190526
45169CB00002B/797